AF245809

Donné ou Bibliothécaire de la
Bibque Mlle par l'auteur
Delangle

Errata
Lisez partout trévanco au lieu de trévano
gondelou pour gondeloui
Monneron pour Monron

Nota il y a du même chez Dupprat
quai des augustins un Essai sur la
figure Sphérique.

ESSAI HISTORIQUE

SUR

LES COLONIES ORIENTALES,

Depuis la Paix de mil sept cent quatre-vingt-trois.

Par un Adjoint à l'état-major de l'Armée du Rhin. (le c.^{en} Delangle.)

Et quorum pars fui.

———

De l'Imprimerie de MALASSIS-CUSSONNIÈRE, à Alençon, Département de l'Orne.

Se trouve à Paris, chez   Libraire, Quai des Augustins.

AN IX —— 1801.

ESSAI HISTORIQUE

SUR

LES COLONIES ORIENTALES.

PARAGRAPHE PREMIER.

LE traité de 1783 avait mis fin à la guerre qui a assuré l'indépendance de l'Amérique ; Albion avait été forcée de condescendre à ce pénible mais nécessaire sacrifice. La défaite de M. de Grasse étant réparée, des forces considérables et supérieures à tout ce qui pouvait leur être opposé, étant réunies à Cadix, la perte de la Jamaïque et des Antilles était assurée. Le gouvernement anglais, par la promptitude de sa correspondance avec *Bassora*, était instruit des reyers qu'il avait essuyés de la part de l'amiral Suffren dans l'Inde ; le genre de guerre adopté par le nabab *Aider-Ali-Kan*, lui avait fait éprouver dans cette partie du monde des échecs multipliés et des dommages irréparables : l'espoir de s'emparer de *Ceïlan* et des colonies hollandaises, seule raison qui eût provoqué sa déclaration de guerre à cette nation, avait été complétement frustré en Asie. Prévoyant combien une campagne devait lui être désavantageuse dans toutes les parties du monde, il tendit les ressorts de l'opposition, organisa le changement de ministère, prodigua à ses pensionnaires à la cour de France l'or et l'argent, et pendant que l'Espagne se faisait restituer les îles et les colonies qui lui avaient été enlevées en différentes guerres, la France, quoiqu'en mesure de venger le traité de 1763, se borna à assurer à l'Amérique son indépendance, et sacrifia, sans dédommagement équivalent, tous les avantages des campagnes précédentes. Le ministère français fit plus, en stipulant que *Chandernagor* ne pourra être rétabli : il assura, autant qu'il était en lui, l'empire usurpé par la compagnie anglaise dans le Bengale sur le monarque *Soujah-Doullah*, notre allié, et qu'une longue sécurité, fondée sur la démolition de cette place en 1763, a porté à un degré de prospérité , tel que le gouvernement général , résidant à Calcutta , en considérant l'immense étendue de pays soumis à sa domination , sa population , ses places, ses ports, le nombre de troupes entretenues pour le maintenir dans sa dépendance, et par-dessus tout, ses trésors, peut dire à juste titre : *Londres n'est point à Londres , elle est où je suis.*

II.e Par le traité, les colonies de l'Inde devaient être rendues à la France dans l'état où elles étaient au jour de la prise. *Négapatnam* devait être remis aux hollandais moyennant un équivalent convenable; les puissances contractantes invitaient les princes indiens à prendre part à la présente pacification ; dans le cas où ils refuseraient de le faire et celui de guerres entre eux à l'avenir , il était convenu qu'il ne leur serait, même indirectement, fourni aucun secours.

Ce traité manifestait, pour ne rien dire de plus , une entière ignorance de ce qui s'était passé dans cette partie du monde depuis 1747, mais particulièrement depuis 1763 ; quelque désavantageux qu'il fût à la France , il ne l'était pas encore assez au gré de l'honorable compagnie anglaise : elle se proposa d'abord d'y déroger, conséquemment au plan qu'elle s'est formé de ne respecter ni traités ni capitulations ; car, disait officiellement un ministre anglais, « si nous étions justes avec la France, » nous n'aurions pas pour trente ans d'exis-» tence». Fidèle à ces principes, et sûr d'être avoué, le conseil de *Madrast* reçoit de son gouvernement la nouvelle de la paix ; se fiant sur la supériorité de ses forces, au lieu de l'annoncer, il donne ordre d'attaquer à Gondelour les français par terre et par mer ; ordre qu'il fallut intimer par trois fois au général Stuart, qui manifestait à l'exécuter la répugnance la plus absolue. Le succès fut bien différent de celui attendu, et sur chacun de ces élémens la valeur française ayant décidé contre le nombre, la compagnie anglaise, inutilement perfide, publia la paix, et prit le parti de substituer la ruse à la force pour en rendre les conditions absolument illusoires.

La première occasion, qui se présenta de faire éclater ce système de conduite, se rencontra à Trinquemalé ; les anglais sentaient l'importance majeure de ce port, la clef de l'Inde ; ils savaient bien que lui seul avait tenu lieu de tout à M. de Suffren qui l'avait repris sur eux ; ils avaient fait insérer dans le traité qu'il leur serait rendu, et qu'ils en feraient la remise aux hollandais. M. de Coutanceaux, qui connaissait leur fourberie et le dessein qu'ils avaient de garder cette place, pour par suite s'emparer de l'île de Ceïlan et de son commerce, exigea que le pavillon anglais fût mis sur les forts, sans que les troupes de la compagnie pussent en prendre possession, et il insista pour que celles de Hollande y fussent établies sous vingt-quatre heures ; l'amiral anglais répondit : *rendez-nous cette place, et nous nous arrangerons avec la Hollande,* ce qui ayant été refusé, il menaça de s'embosser ; mais M. de Coutanceaux annonça que non-seulement il riposterait, mais même que les hostilités continue- raient jusqu'à de nouveaux ordres de l'Europe : il fallut céder, et cette impor- tante place fut sauvée aux bataves. Il n'en a pas été de même de Négapatnam qu'ils ont constamment gardé, la compagnie anglaise ayant refusé de négocier et d'accepter aucune indemnité pour cette ville, quoiqu'elle en eût fait démolir les fortifications et établissemens publics.

Des débats semblables se sont élevés à l'égard de *Pondichéry* qu'ils proposaient de rendre dans l'état où il était, mais non dans celui où ils l'avaient pris, ce qui leur était impossible, car, contre la teneur expresse et formelle de la capitulation faite avec M. de Bellecombe, les forts, arsenaux et magasins avaient été rasés. L'agent, chargé de recevoir cette place de la main des anglais, réclamait en exécution du traité une indemnité convenable, et que l'artillerie fût réintégrée dans la place ; ces difficultés et autres qui s'opposaient à la mise du pavillon, furent, assure-t-on, levées par une somme de soixante-quinze mille livres, qui fut donnée pour terminer cette négociation à l'avantage de l'honorable compagnie.

Quoiqu'à Mahé les anglais eussent depuis la prise effectué un dommage de plus de deux cent cinquante mille livres, la place fut reçue dans l'état où elle se trouvait, sans daigner même régler les limites de ses dépendances , ni celles de Coringot-Nair, vassal de la nation française ; cette faute a entraîné avec le gouvernement de Tellichéri des discussions qui n'ont pu être terminées avant sa reddition au colonel Hartley, en 1793.

La factorerie de Surate n'a pas joui de l'avantage de se voir rétablie , et, malgré les instantes réclamations du gouvernement de l'île de France , le conseil de Bombai a constamment refusé ou éludé l'exécution de cet article du traité.

IIIe Le général Bussi rédigea les conditions de paix pour le nabab Tippoo-Saïb; les bases du traité fait avec la France devaient donc leur servir de fondement, cependant les anglais y firent insérer une clause dérogatoire, par laquelle les rajas de Tanjaor et de Trévaneor étaient regardés comme leurs alliés; pourquoi donc Tippoo-Saïb n'y fut-il pas désigné comme celui des français ? Les services que son père et lui-même avaient rendus à l'armée française, devaient-ils être payés d'un pareil abandon ? Il importe moins de connaître la cause qui a motivé une pareille conduite, que de savoir qu'elle a livré en

1792 les états de ce prince et ses trésors,
à l'avide rapacité de la compagnie anglaise,
qui jugeait ce prince trop puissant pour
sa sureté.

Il est également difficile de deviner
pourquoi M. de Bussi négligea de recher-
cher l'alliance des marattes, qui lui eût
ouvert le port de *Chaoul* ; les démêlés
qui existaient entre les anglais et cette
nation l'eussent singulièrement favorisé ;
son intervention eût sans doute assuré
l'exécution du traité que cette puissance fit avec le général commandant
l'armée de Bombai. Elle s'était engagée
trop avant et sans précaution dans les
montagnes ; bloquée et investie de toutes
parts, manquant de vivres, sans espoir
de secours, elle se trouvait déterminée
par la loi de la nécessité à mettre bas les
armes ; dans cette circonstance la modé-
ration des marattes éclata dans tout son
jour contre leurs agresseurs ; ils relâchèrent
et fournirent de vivres l'armée anglaise
pour se retirer, sous la condition expresse
et formelle que l'île Salsette et la forteresse
de Thana, qui avaient été prises sur eux en
1735, leur seraient remises dans l'état où

elles se trouvaient ; mais , lorsque cette armée fut rentrée dans Bombai , le conseil de cette ville refusa d'exécuter le traité ou plutôt la capitulation qui avait été consentie et signée par le général investi de ses pouvoirs. On trouve dans l'histoire l'exemple de nations qui quelquefois se sont jouées de la foi des traités , mais il n'en est point qui aient eu la hardiesse de l'ériger en principe ; Carthage même osa-t-elle , comme Albion aujourd'hui , se déshonorer au point de l'avouer solennellement pour la base constante et invariable de son administration ?

IV.ᵉ Si jamais la paix fut nécessaire à un pays , c'était sans doute à la côte Coromandel : *Aider-Ali-Kan* , à la tête d'une armée de 80,000 combattans , avait envahi ce pays. La plus horrible famine avait été la suite de la guerre la plus désastreuse ; les aldées les plus considérables avaient disparu ; les habitans , ou avaient péri par le fer et la faim , ou avaient été transférés dans le pays *d'Aider-Ali.* Cette affreuse dévastation avait porté sur toute l'étendue de pays situé entre *Madrast,* les *Gates* et *Néga-*

patnam, et avait enlevé plus d'un million d'ames. Ceux qui survécurent à ce double fléau, doivent leur existence à l'humanité de l'amiral Suffren, qui, autant qu'il était en lui, alimenta les côtes. *Pondichéry*, situé au centre de cet espace, avait beaucoup souffert, et il devait lui être bien difficile de renaître pour la troisième fois de ses cendres. On eût pu espérer cependant qu'une longue paix eût rendu cet établissement florissant, et lui eût donné un grand degré d'importance pour la métropole, si le traité de paix n'y eût mis des obstacles insurmontables. La coupable méprise de ceux qui avaient été chargés d'en régler les limites, les avait rétrécies à moins de portée de canon, en substituant, dans le traité, *Valdaour* au lieu de *Baour* : cette place se trouvait isolée, sans alliés, sans domaines, sans moyens de subsistances, au milieu de l'empire que les anglais ont fondé après la paix de 1763, sur les ruines des nababs, alliés de la nation française, et qu'ils ont encore reculé en 1788, en forçant Nisam-Ali à leur céder deux provinces dans le sud de *Masulipatan.*

(15)

Par le traité, l'honorable compagnie
s'obligeait à laisser libre l'importation
des denrées et comestibles dans *Pondichéry*; mais, comme elle ne se croit pas
liée par des mots, l'approvisionnement
de cette ville a été entravé par tous les
moyens possibles, et à cet égard, les
choses ont été poussées si loin, que M.
Cossini a été obligé de se servir de la
voie des armes pour faire entrer dans
la place les objets de première nécessité ;
vainement on voulut rejeter l'odieux de
ces vexations sur *Monhamed-Ali*, nabab
du Carnate, puisqu'il est reconnu que
cet usurpateur est l'esclave de la compagnie, qui le retient prisonnier à Madrast.
Le gouvernement s'était sans doute flatté
de lever tous ces obstacles, lorsqu'il se
détermina à faire fortifier *Pondichéry,*
et à en faire la place d'armes de l'Inde :
ce choix était motivé sur sa position au
centre de la côte Coromandel, sur sa
population et la bonté de sa rade qui
a l'avantage de tenir les vaisseaux sous
la protection de son feu, quoiqu'à une
distance fort éloignée. L'attention que
le gouvernement paraissait donner à

Pondichéry, détermina quelques négocians à s'y établir ; la nombreuse garnison destinée à le défendre, facilitait
la consommation et le débouché des
denrées et marchandises de France ; le
commerce des toiles se fesait dans le sud
avec *Karikal,* dans le nord avec le
Bengale et *Yanaon,* la place importante
de Masulipatan, située à l'embouchure
de la *Krissna,* ayant été cédée aux
anglais en 1763.

V.e Le gouvernement désirant rendre
les colonies orientales plus florissantes,
et empêcher la hausse des marchandises
de l'Inde, qui naissait de la multiplicité
incohérente des armemens, créa, en
1785, une compagnie qui fut exclusivement chargée du commerce des Indes
orientales. L'impossibilité de soutenir la
concurrence de la compagnie anglaise
aux côtes de *Coromandel,* d'*Orixa,*
et au *Bengale,* et d'y faire le commerce
sans son concours, l'obligea de traiter
avec elle pour que les marchandises
de l'Inde lui fussent livrées, moyennant une remise de dix pour cent ; outre
ce désavantage, elle avait encore à
éprouver

éprouver celui que les toiles et mou-
choirs qu'elle fesait fabriquer, étaient
de qualité inférieure, cet inconvénient
étant inévitable dans l'Inde ; il paraît
qu'elle eût dû tâcher de se dédommager
du côté de la Chine ; mais, soit par l'impéritie de ses agens principaux, soit
par toute autre cause, l'Angleterre,
dans cette partie du monde, est par-
venue à assurer la supériorité à son
commerce, et par le nombre de ses
vaisseaux et par le choix de ses cargaisons. Cela ne suffisait point à ses vastes
desseins : son orgueil s'est trouvé mor-
tifié d'être assujéti à ployer sous la loi
d'un mandarin à Canton. Son ambition
lui fesait désirer d'avoir exclusivement
un port plus près de la capitale, et un
point d'appui d'où elle pût troubler ce
vaste empire : tel était le véritable objet
de l'ambassade du lord *Macartney* : la
cour de Pékin, à toutes les demandes
qui lui ont été faites, a opposé pour
réponse *Canton*, et, par ce laconisme
aussi désespérant que sage, a rendu vains
tous les artifices de celle de Londres.

VI.ᵉ En 1786, M. Cossini, nommé

gouverneur par *intérim* des établissemens français dans l'Inde, tenta de renouer avec Tippoo-Saïb les liaisons amicales qui avaient été altérées par le mécontentement qu'il avait témoigné de s'être vu abandonné par le traité, et réduit à ses propres forces. M. Mouron fut envoyé à *Séringapatnam*, sous prétexte de régler le compte de ce qui était dû à ce prince par la nation française, pour les fournitures qui avaient été faites par lui ou son père à ses armées de terre et de mer, dans la guerre de 1780, et qui se montaient à plus de cinq millions : aidé des conseils de M. Lalley, partisan à son service, de plus ayant su répandre à propos quelqu'argent, il remplit avec succès sa mission, et le nabab, en sa présence et celle de son divan, fit brûler tous les papiers qui légitimaient sa créance, et écrivit de sa main à M. Cossini, pour l'assurer que dans le cas de guerre avec les anglais, il se proposait de couvrir *Pondichéry* avec 40,000 hommes. Lorsqu'en 1788, M. le comte de Connowai évacua en partie cette place pour s'assurer de Trinquemalé, on ne peut pas dire qu'il ait manqué à ses engagemens ; il se porta, il est vrai, à la côte de Malabar, mais son dessein était de se débarrasser de la crainte d'une diversion, en écrasant Tellichéri. La rapidité de ses marches lui assurait le tems d'exécuter ce plan, avant que les anglais eussent pu rassembler leurs forces à la côte Coromandel. Il s'apercevait de plus en plus que la supériorité de cette nation, qui avait juré sa perte, lui dictait de se lier avec la France ; il se détermina à envoyer des ambassadeurs à Paris. Ils étaient chargés de demander qu'on lui donnât à sa solde et sous ses ordres directs, un corps de troupes de 6,000 hommes ; il offrait en outre d'entretenir la garnison de *Pondichéry* et d'approvisionner cette place, et proposait une alliance offensive et défensive, qui eût eu pour objet d'anéantir la puissance de la compagnie anglaise dans la presqu'île au-delà du Gange. La cour de Londres qui sentit combien était dangereux le coup qui lui était porté, intervint, menaça même, et vint à bout, à l'aide de ses pensionnaires, non-seulement de rendre nul l'effet de l'ambassade de Tippoo-Saïb et les demandes du fils du roi de la Cochinchine, qui, assisté de l'évêque d'Adrams, réclamait dans le même tems des secours contre ses sujets révoltés, à des conditions très-avantageuses, mais même elle fit décider l'évacuation totale des établissemens français dans l'Inde, et qu'ils seraient convertis en simples comptoirs.

Par ce nouveau système, toutes les dépenses faites pour rétablir *Pondichéry*, étaient perdues sans retour; l'instabilité du gouvernement, les frais énormes et incalculables qui en étaient la suite, rendaient l'entretien des colonies onéreux, et il était impossible de mettre les avantages qu'elles procuraient, en balance avec les avances faites par la métropole.

Lorsque le gouvernement daigna s'occuper des colonies, *Karikal*, situé sur une rivière susceptible de recevoir des petits bâtimens, méritait à juste titre de fixer son attention : il était facile d'y construire à peu de frais une bonne citadelle ; le nombre des aldées , qui en dépendent , assurait son approvisionnement ; sa position donnait facilement les moyens de contre-balancer la puissance anglaise dans le Tanjaor. On est au reste absolument étonné que le gouvernement ait pu croire qu'une seule place suffisait à la côte Coromandel , et qu'il n'ait pas senti qu'outre *Pondichéry* et *Karikal*, il lui en fallait une dans le nord. Si le traité de 1783 eût été négocié par un agent instruit des affaires de l'Inde , Masulipatan eût été restitué avec un arrondissement convenable sur la *Krissna.*

VII.e Mahé est la seule place que les anglais nous aient laissé sur la mer occidentale des Indes , après le traité de 1763 ; sa position au centre de la côte Malabar , la rendait l'entrepôt naturel du commerce, dans le sud, avec *Cochin,* le *Trévaneor* et *Tutucurin ,* dans le nord , avec *Goa , Surate ,* le *Golfe Persique* et la *Mer rouge.* Parmi les productions du pays , le poivre, denrée de première nécessité , l'indigo qui y croît naturellement , le bois de Sapon

ou de teinture , le sucre , le café ,
quoiqu'inférieur à celui de Moka , la
canelle , les toiles du sud pour Cadix ,
les cauris des Maldives pour la traite ,
pouvaient former les cargaisons des vaisseaux d'Europe ; l'huile de coco, l'aréke,
le vernis, pareil à celui du Japon , s'expor-
taient avec avantage à l'Ile de France
et à la côte Coromandel ; le bois de
sandal , les ailerons de requin et le
coton de Surate , en Chine ; parmi les
bois qui croissent au Malabar, on dis-
tingue ceux d'acajou, de bite, de jacquier,
de téque et autres, excellens pour la construction. Lorsque le *Zamorin* régnait
à *Kalicut* , il s'en exportait dans la
Mer rouge pour plusieurs millions : les
anglais, attentifs à tout ce qui peut leur
être utile depuis qu'ils sont les maîtres
de ce pays , ont tenté de rouvrir cette
branche lucrative de commerce.

La nature s'étant plu à épuiser ses
dons en faveur du *Malabar*, c'est donc
uniquement à l'insouciance du gouvernement qu'on doit rapporter l'état de
langueur auquel a été condamné l'établissement de *Mahé* , et le défaut de sureté

a repoussé les négocians et anéanti tout commerce ; à cette cause ajoutez le voisinage de Tellichéri, qui, n'en étant éloigné que d'une lieue, établit une concurrence très-désavantageuse dans l'achat des marchandises et productions territoriales. Contre la teneur du traité fait avec Tippoo-Saïb, cette colonie fomentait la rebellion de ses sujets, leur fournissait des armes et des munitions ; le nabab mécontent et pour se venger, avait prohibé l'entrée des marchandises et denrées de toute espèce ; il avait compris Mahé dans la même défense, pour empêcher tout commerce interlope, et resserrer davantage Tellichéri.

Du côté de la mer, les armemens destinés pour la côte Malabar ont éprouvé des retards et des frais considérables, par la nécessité d'armer en guerre les bâtimens ou d'attendre des convois pour être protégés contre des pirates, connus sous le nom de *Marattes*, *Molondis* et *Angrias*, qui infestent ces mers et nuisent singulièrement au cabotage. Pour parer à cet inconvénient, on eût dû ordonner aux frégates et corvettes de la station de l'Inde, d'arriver à la côte au premier vendémiaire, au lieu d'attendre jusqu'au mois de nivose, retard qui était très - préjudiciable au commerce.

Il eût été sans doute facile d'exterminer ces écumeurs de mer, s'ils n'eussent eu pour patron et protecteur le gouvernement anglais qui ouvrait à ces forbans le port de Bombai, pour acheter leurs prises. Y a-t-il donc quelqu'un qui, d'après des faits aussi notoires, oserait assurer qu'Albion n'est pas indifférente sur le choix des moyens employés pour, à quelque prix que ce soit, monopoliser le commerce universel? Elle poursuit invariablement ce dessein par toutes les voies que l'esprit humain a pu inventer, la ruse, la force, la paix, la guerre, l'incendie des ports neutres ou amis, l'assassinat des ennemis qu'elle redoute : tout a été successivement mis en œuvre pour obtenir ce but si désiré. Par suite de ce système, les vaisseaux français qui, se fiant sur le traité de commerce, ont remonté à *Bombai* et *Surate,* n'ont pu effectuer la vente de leurs cargaisons, ayant généralement éprouvé de la part de la compagnie anglaise des difficultés sans nombre, Elle a prétendu décliner l'odieux de cette conduite et l'attribuer au nabab; mais ce prince est réduit à n'exister que comme un être imaginaire : les anglais s'étant fait donner le firman de trésoriers du grand mogol, ce titre leur donne le droit de tenir garnison dans la citadelle, et maintient le *Guzarate* dans la dépendance la plus tyrannique.

Le désir de s'emparer du *Kamschatka,* des colonies bataves, de l'Amérique espagnole, a donné naissance aux établissemens de *Nootka, Botanibay* et *Otaïti.* Quant à celui fait aux îles *Indaman,* il a un autre objet; le marquis de Cornwallis a bien senti qu'il s'élèverait tôt ou tard dans les Indes, une révolution qui anéantirait tout d'un coup ou successivement l'empire de la compagnie dans les Indes orientales, et il a voulu lui assurer un port après le naufrage, qui pût servir d'entrepôt au *Pégu,* au Bengale et à la côte Coromandel.

VIII.ᵉ Le *Zamorin,* il y a vingt-cinq ans, implora le secours *d'Aider-Ali* contre le raja de Trévaneor ; il en reçut l'assistance qu'il désirait, mais il reconnut bientôt la faute qu'il avait faite, en voyant ce prince s'emparer de sa capitale et de ses états ; il ne put survivre à leur perte, et il se brûla dans son palais avec ses femmes, ses enfans, et ce qu'il avait de plus précieux. Bientôt après, le nabab soumit à sa domination tous les princes nairs et le royaume de Canara, ce qui comprend tout le pays situé entre *Cochin* et *Goa*. L'impatience d'une domination étrangère ; le refus de payer des tributs forcés, et dernièrement au-delà de toute mesure; les exactions des chefs du nabab, toujours tolérées et souvent autorisées ; la division de deux sectes ennemies, les *nairs* et les *maplets*, unies quelquefois par l'excès de leurs malheurs, mais plus souvent divisées par la jalousie et la volonté de primer l'une sur l'autre : telles sont les causes qui ont provoqué de la part de ce pays une suite non-interrompue de révoltes, qui, toujours terminées à son désavantage, y ont porté le ravage et la désolation. Irrité de la continuité de leur rebellion, Tippoo, en 1788, résolut d'exterminer les nairs ; il descendit des Gates comme un torrent impétueux, portant par-tout le fer et le feu ; mais bientôt un orgueilleux fanatisme, qui l'avait égaré au point de vouloir s'assimiler au grand Prophète, et d'ajouter à ses titres celui de *Lion de Dieu*, lui persuada qu'enfin ils seraient soumis, s'il les dépouillait de leur religion et les astreignait à la sienne, en les fesant circoncire. Un tiers des habitans périt, faute de soins, des suites de cette opération ; un bien plus grand nombre fut la victime ou de la famine ou d'une petite vérole contagieuse, qui exerça les ravages les plus multipliés; et ce beau pays ne refléchissait par-tout à l'œil fatigué, que l'image douloureuse de l'incendie ou de la mort.

Tippoo-Saïb tint alors avec la nation française, à qui il devait sa couronne, qui par droit de succession eût dû appartenir à son frère, une conduite bien différente de celle de son père, qui avait concédé à Mahé les aldées de Chambara et de Pandakel, enclavées dans son territoire.

Le prince *Coringot-Nair*, notre vassal à raison de sa principauté, située dans le nord de Mahé, avait toujours été respecté par Aider-Ali-Kan ; il avait été réintégré dans ses possessions en 1785, par les anglais ; cependant l'année suivante, sans y avoir donné lieu, par ordre du gouverneur de Kalicut, il fut enlevé, pendu, et les troupes du nabab occupèrent son territoire. Aux protestations qui furent adressées directement à ce prince, il répondit qu'il ignorait que la France eût des droits sur ce pays, et qu'il examinerait les titres qui lui seraient produits ; il persista à tenir *Mahé* et *Tellichéri*, dans un état peu différent de celui d'un blocus : sur les plaintes très-réitérées qui furent portées à M. de Connowai, ce gouverneur général exprima publiquement son mécontentement à ses ambassadeurs, à leur retour d'Europe, et de plus, le notifia à Tippoo-Saïb lui-même, par des lettres très-pressantes et très-fermes : ce prince désavoua ses chefs, ordonna de laisser entrer dans Mahé les productions et denrées de son pays, promit de rendre à l'héritier de Coringot-Nair le pays réclamé, et de donner dans le sud de Mahé un territoire qui pût lui former un arrondissement convenable ; M. de

Magnemara l'ayant prié derechef de terminer cette affaire, il fit expédier en sa présence les ordres nécessaires ; mais, par le même courrier, il en adressa de contraires à ses chefs, et depuis, par lettres réitérées aux commissaires anglais délégués du Bengale, il a compris ce pays dans la cession du Malabar, dans la vue non - équivoque d'établir une pomme de discorde entre les deux nations.

IXe Le gouvernement, qui avait paru fixer les colonies orientales, changea subitement, et adressa, au mois de mars 1790, à M. de Connowai, par la voie de Suez et celle de Bagdad, l'ordre de les évacuer et de les convertir en comptoirs. A cette nouvelle, *Pondichéry*, consterné, se sentit frappé comme d'un coup de foudre ; les négocians et les habitans se plaignirent, avec raison, les uns d'avoir été induits en de grandes dépenses, les autres d'avoir été déterminés à se fixer en cette colonie, par une apparence de sureté, qui, tout à coup s'évanouissant, ne laissait aux uns et aux autres que la perspective effrayante de la misère et du malheur. Des vaisseaux furent frétés à grands frais ; presque toute l'artillerie, la majeure partie des approvisionnemens en tout genre, furent transférées, avec la garnison, à l'*Ile de France*, que sa position, la bonté de ses ports et la difficulté de l'attaquer, rendent le vrai et principal entrepôt de l'Inde, soit pour la guerre, soit pour le commerce ; mais en accordant ce point capital, était-il de la saine politique d'abandonner les colonies de l'Inde ? Le désespoir de pouvoir les conserver au milieu de l'empire anglais et contre des forces très-supérieures, qui, en tems de paix, montaient à la côte Coromandel à 28,000 hommes, parmi lesquels 8,500 européens ; le peu de fonds qu'il y avait à faire sur les promesses de Tippoo-Saïb, qui avait manifesté le projet d'affaiblir les européens les uns par les autres, pour ensuite les chasser de l'Inde ; l'extrême difficulté des approvisionnemens en tout genre ; la dépense qu'exigeait et la construction des places fortes et l'entretien des garnisons, telles sont les raisons qui ont motivé ce système, contre lequel *Pon-*

dichéry a réclamé avec grande vivacité.
Ces obstacles, qui naissaient du traité,
étaient grands sans doute ; il eût été
cependant possible de les surmonter,
en se servant habilement des circonstances, si la cour de Londres, qui
voyait avec trop de peine les français
s'occuper sérieusement de l'Inde, n'eût
pas réussi à dicter au conseil d'état une
suite de délibérations, qui toutes tendaient
à lui livrer, pieds et mains liés, Tippoo-
Saïb, qu'elle redoutait et qui lui portait
ombrage. Les événemens qui ont suivi,
donnent à cette opinion un grand poids,
et prouvent incontestablement que le
ministère de France, dupe des anglais, a
servi admirablement leurs projets.

Après le départ de M. de Connowai,
Pondichéry crut devoir suspendre l'exécution de ses ordres, et arrêta l'exportation
à l'Ile de France de l'artillerie et des
munitions qui restaient dans la place. Des
commissaires furent envoyés à l'assemblée
nationale pour lui représenter l'importance
de cet établissement et celle des colonies
de l'Inde ; mais ce dernier article, touché
avec trop de légéreté, donna lieu de croire

que l'intérêt personnel était le premier mobile des démarches qui étaient faites. On présenta divers plans et mémoires pour prouver qu'en améliorant la recette, et diminuant la dépense, *Pondichéry* était dans le cas d'entretenir 1,200 européens et 800 sipayes, garnison demandée sans doute pour assurer aux habitans une capitulation : cette place, non compris le côté de la mer, a douze fronts de développement, couverts par six demi-lunes ; elle est susceptible de deux attaques déterminées, qui pouvaient être vives, bien dirigées, et effectuées par des forces très-considérables ; la bravoure de la garnison eût-elle donc pu retarder la prise jusqu'à l'arrivée des secours d'Europe ou de l'Ile de France ? Était-elle assez nombreuse pour inspirer de la confiance aux princes du pays, et en cas de guerre les déterminer à un mouvement? Dans le cas où les hostilités viendraient à recommencer, la solde assurée et basée sur les douanes et revenus territoriaux, devenait incertaine et nulle. L'expérience a démontré que les innovations proposées étaient dangereuses, et on a vu les aldées, dépendantes de Karikal,

repousser

repousser à main armée et les nouveaux impôts et le mode de perception.

Pondichéry, en s'insurgeant ouvertement contre le gouvernement de l'Ile de France, donna un funeste exemple, qui, bientôt après suivi par les habitans de Chandernagor, éprouva l'opposition de la garnison. On en vint aux armes ; le résultat fut l'arrestation et le renvoi du gouverneur et des officiers à *Pondichéry.* M. Canaple ayant été envoyé pour le remplacer, on refusa de le recevoir ; il se fit reconnaître et appuyer par le conseil de Calcutta ; mais sa mort, qui suivit de près son arrivée, laissa cette colonie dans l'anarchie la plus complète. Mahé a eu le bonheur de se préserver de ce fléau, et la police, quoique très-difficilement, a pu y être maintenue, et assurer aux vaisseaux les avantages que les circonstances leur ont permis de prétendre.

C'est pour éteindre le flambeau de la discorde jeté au milieu de ses enfans, s'assurer sur les lieux du meilleur régime à adopter, et effectuer une organisation provisoire, que les citoyens *Lescalier* et *Dumouriez* furent délégués par l'assemblée nationale , commissaires en Asie. A peine arrivés à *Pondichéry* , ils ont été les témoins de la prise de cette infortunée ville , qui , pour la quatrième fois , a vu raser ses remparts et établissemens publics.

X.ᵉ Pendant que M. de Connowai travaillait avec la plus grande activité à évacuer l'Inde , le marquis de Cornwallis n'en mettait pas moins à ourdir la trame qui devait assurer la perte de *Tippoo-Saïb*, et négociait avec Nisam-Ali et les marattes une triple alliance , pour partager et diviser son pays ; *Pondichéry* est à peine abandonné , la toile se lève : la prétention de démembrer les états de cet allié de la nation française , est de suite hautement manifestée ; le gouvernement de Tellichéri traite avec les princes nairs , leur promet de les rétablir dans la souveraineté du pays de leurs pères ; séduits par cet espoir, ils s'engagent à aider de toutes leurs forces l'armée anglaise , à la fournir de vivres et à coopérer de tout leur pouvoir au projet de donner les Gates pour limites à la domination de *Tippoo-Saïb.* Le traité de paix a dissipé le prestige ; la compagnie s'est fait céder ce même pays, où elle devait vous réintégrer, en vous déclarant qu'à l'avenir vous ne seriez plus que ses collecteurs ; elle vous a ouvert les yeux.... Vous avez vu alors... que vous aviez cessé d'être ; elle vous a enlevé vos lois, vos usages, vos titres ; ses exactions multipliées par le nombre de ses agens vous ont réduit généralement à regretter vos anciens fers, et les plus braves ont cherché un asile dans les forêts contre un joug intolérable : que l'espérance soutienne votre courage ; vous avez été jadis les alliés de la nation française, et elle sait que vous avez été les victimes de votre bonne foi, et de la perfidie anglaise.

La conduite de la compagnie est ici en tout semblable à celle qu'elle a tenue après la paix de 1763 ; comme à cette époque elle a gardé pendant quelque tems une trompeuse tranquillité, puis tout à coup elle est tombée avec toutes ses forces sur nos alliés qu'elle a absolument dépouillés ; c'est par cette manœuvre qu'elle a soumis à son empire le *Carnate*, le *Tanjaor*, le *Maduré*, les *Quatre Sercars*, et dernièrement le

Malabar. On ne sait vraiment lequel on doit admirer le plus, ou de l'attention constante et suivie des anglais à mettre tout en œuvre pour l'agrandissement de leurs colonies, ou de la froide stupeur et de l'indifférence du ministère français. Le duc de Choiseuil est le seul qui ait pensé à imposer des limites à l'ambition de la compagnie et réinvestir de leurs états nos alliés ; tout était disposé en 1770 pour cet objet, mais ce ministre eut le malheur de déplaire à la courtisane de Louis XV, et avec sa disgrâce, s'évanouirent les plans les mieux combinés pour anéantir la puissance anglaise dans l'Inde.

XI.e Le raja de Cochin, qui a ses états enclavés dans ceux du roi de Trévaneor, pendant que les nairs traitaient avec les anglais, refusait au nabab les tributs qu'il lui devait : Tippoo-Saïb demanda le passage pour soumettre son vassal, et la restitution de *Granganor*, qui, après avoir été cédé par les hollandais à son père, avait depuis été vendu par eux au roi de Trévaneor, qui en était en possession ; ces demandes ayant été refusées , il entreprit de se faire justice par la force des armes , sans penser pour cela avoir affaire aux anglais ; en conséquence , ayant découvert un sentier dans les montagnes , il tourna en personne la ligne de Granganor , qui avait un bon revêtement , au lieu de s'étendre sur le rempart ; les troupes qu'il avait avec lui se débandèrent pour piller ; il fut attaqué , repoussé , culbuté dans les fossés, où il courut grand risque d'être pris ou tué ; irrité par cet échec, il fit ouvrir la brèche en quatre endroits , combler les fossés , d'abord avec des fascines qui furent brûlées par l'ennemi , ensuite avec des bananiers ; ayant fait donner l'assaut , il s'empara des lignes et de 180 pièces de canon qui les défendaient , prit ensuite Granganor , Aicot , et s'ouvrit un passage dans les états du roi de Cochin , qu'il dévasta , et incendia entièrement ; cette discussion s'accomodait trop bien avec les vues de l'ambitieuse compagnie , pour qu'elle n'y prit pas part , aussi se hâta-t-elle d'intervenir en faveur du roi de Trévaneor : les choses en étaient à ce point , lorsque M. de Magnemara , nommé ambassadeur près Tippoo-Saïb, arriva; il tâcha vainement de détourner l'orage prêt à fondre sur la tête de ce prince ; il lui annonça la triple alliance qu'il ignorait : en l'instruisant du danger qui le menaçait , il ne lui dissimula pas que la position de la France ne lui permettait pas des secours directs , et il le conjura d'accepter sa médiation , qui , moyennant quelques légers sacrifices , eût pu le sauver : sa folle présomption lui fit rejeter cette offre , et elle lui persuada qu'abandonné à ses propres ressources, il pourrait résister aux anglais. Immédiatement après le départ de M. Magnemara , arrivèrent ses ambassadeurs ; quoiqu'il fût déjà informé que leur mission n'avait pas réussi, il les accueillit d'abord , mais ayant ensuite interrogé séparément tous les gens de leur suite, il ne put leur pardonner leur impéritie et le mépris dont ils l'avaient couvert indirectement , par la conduite qu'ils avaient tenue à Paris et à bord de la frégate la Thétis ; il en fit fouler deux aux pieds des éléphans ; ayant maintenu le plus âgé dans ses bonnes grâces, il l'établit dans sa capitale, pour présider en chef les manufactures qu'il avait tenté d'établir, avec le secours des artistes français qui lui avaient été envoyés.

XII.e La rupture ayant éclaté, le nabab ordonna à la côte Malabar la plus stricte défensive, et se porta sur *Pondichéry*, pour observer les mouvemens du marquis de Cornwallis, qui, voyant que les gorges des Gates restaient indéfendues, passa celle de Bengelour, et attaqua cette importante place : Tippoo, voyant la faute qu'il avait faite, tenta bien, par une marche très-rapide, de la dégager ; mais ni sa présence ni la brave résistance du gouverneur, qui se fit tuer sur la brèche, ne purent la sauver ; il eut la douleur de la voir prendre d'assaut.

Pendant ce tems, le lord Abercrombie marcha de *Tellichéri* sur Séringapatnam, et prit Périapatnam, qui n'en est qu'à douze lieues ; par cette manœuvre, le nabab se vit forcé de concentrer ses forces autour de sa capitale ; le marquis de Cornwallis, qui avait tenté de s'en approcher, rencontra, dans le projet de l'attaquer, des obstacles insurmontables, par les pluies, la crue des rivières, et par le défaut absolu de subsistances ; il se détermina à faire sa retraite sur *Bengelour* : l'avis qu'il en donnait au lord Abercrombie ayant été intercepté, ce général, constamment malheureux, fut attaqué et défait entièrement, avec perte de son artillerie, de ses blessés et de tous ses équipages ; obligé de fuir en grande hâte, il ne se crut en sureté que dans les lignes de Tellichéri, qu'il avait fait construire.

Pendant que le marquis de Cornwallis tirait du Carnate des subsistances, et établissait à Bengelour des magasins et son principal dépôt, il opérait sa jonction avec *Nisam-Ali* et les *marattes* ; et le conseil de Bombai, aux dépens de cette place, formait une nouvelle armée à la côte Malabar.

La désobéissance du gouverneur de *Kalicut*, qui, malgré les ordres qu'il avait reçus du nabab, sortit de sa place, entraîna sa défaite, par le lieutenant

colonel *James Hartlei* ; le prix de la
victoire fut *Kalicut*, et par suite, tout
le pays situé entre *Paliagatchéri* et le
mont *Déli*. Cette armée n'ayant plus
rien qui l'occupât, se dirigea sur *Séringapatnam*, pour seconder le marquis
de Cornwallis, qui, de son côté, avait
fait le même mouvement ; elle arriva au
moment où ce général, ayant emporté
de vive force, tous les ouvrages extérieurs
sur la rive droite du *Colram*, venait
d'y établir des batteries qui commen-
çaient à tirer sur la ville, qui était
entièrement commandée de ce côté.

Le nabab se trouvait resserré sur l'île,
ayant à sa gauche la place qui est située
à la pointe occidentale : par les forces
réunies des anglais et de leurs alliés, qui
formaient un effectif de plus de 200,000
combattans. Il avait pris la résolution
désespérée, à l'instant de l'assaut, d'in-
cendier la ville, et s'il ne périssait pas, de
faire une trouée ; il eut beaucoup de peine
à se soumettre aux dures conditions qui
lui furent imposées, par lesquelles, 1.º
il rendait aux marattes tout ce qui
avait été pris par son père sur eux ;

2.º cédait aux anglais tout le pays situé entre Paliagatchéri , les Gates et le mont Déli ; 3.º s'obligeait à payer quatre-vingt-deux millions et demi , moitié comptant , et le reste en deux termes. La ville de Bengelour devait rester en dépôt , et deux de ses enfans être remis en ôtage aux anglais jusqu'au paiement défi-nitif ; il était stipulé que cette somme serait divisée en seize parties , savoir ; neuf pour les anglais , quatre pour les marattes , et trois pour Nisam-Ali ; mais l'honorable compagnie a suivi la méthode de partage du *Lion de Lafontaine* , et a forcé le nabab à lui en remettre la totalité.

Deux causes concoururent à prévenir la ruine totale de Tippoo-Saïb : la pre-mière vint des marattes qui s'y oppo-sèrent , annonçant hautement , et même avec menaces d'attaquer le camp anglais , que leur dessein était d'humilier ce prince , mais non de l'anéantir ; la seconde , des ordres de M. Pitt , qui avait prescrit de le conserver , pour l'opposer aux marattes ; de plus , les discussions sur-venues avec l'Espagne pour la navigation dans les mers du sud, fesaient craindre au marquis de Cornwallis, que M. de Connowai, qui armait très-fortement à l'Ile de France, secondé par des secours d'Europe, ne se portât subitement sur Bombai, qui était entièrement dégarni.

XIII.e La presque continuité de guerres qui ont dévasté la côte Malabar, devait naturellement influer sur le commerce ; cependant, jusqu'à l'époque de la cession de la côte aux anglais, il a été plus considérable qu'on eût osé l'espérer. L'intérêt particulier, plus fort que tous les ordres du nabab, déterminait les habitans du pays à livrer leurs poivres et productions à Mahé. La guerre entre ce prince et les anglais avait fourni un débouché aux marchandises de France, et facilité, de tems à autre, les chargemens en retour des bâtimens, soit à Mahé, soit dans le nord aux Iles Angidives, près Goa ; mais après la prise de Kalicut, le gouvernement anglais, qui jusque-là avait mis dans sa conduite de la circonspection, en rendant, quoiqu'après beaucoup de difficultés, le pays de Coringot-Nair, se persuada qu'il ne devait plus garder de mesure , et , fesant servir à ses desseins , même malgré eux , les rajas de Cartenate et de Colastries , il suscita , à la colonie de Mahé , des tracasseries en tout genre , qui , tenant les habitans presque constamment sous les armes , rendaient leur état pire que celui de la guerre. D'après l'ordre du conseil de Bombai , la factorerie française de Kalicut et le pavillon furent abattus. En rade de Mahé , les vaisseaux éprouvèrent du lord Cornwallis , les vexations les plus injustes et les plus multipliées. Sans raison , autre que sa mauvaise humeur contre la nation française , il donna ordre aux frégates la Minerve et l'Atalante , de fouiller les vaisseaux qui remontaient la côte , sous le convoi de la Résolue : M. de Karaman , l'ayant formellement refusé , fut attaqué. Après s'être battu pendant trois quarts d'heure , ayant le feu à bord , étant lui-même blessé en deux endroits , il fut obligé d'amener. Le lord Cornwallis , qui avait cru en imposer par l'appareil de ses forces , se voyant trompé , nia avoir donné de pareils ordres , et

(45)

fit reconduire la frégate française en rade
de Mahé ; mais M. de Karaman refusa
de la recevoir. M. de Saint-Félix , qui
avait succédé à M. de Magnemara , qui
avait été lâchement assassiné à l'Ile de
France , ordonna de réhisser le pavillon
à bord de la Résolue , et après l'avoir fait
réparer , il mit à la voile , bien résolu
à attaquer les frégates anglaises , si elles
se mettaient dans ses eaux ; mais la partie
étant égale , elles restèrent mouillées ; M.
de Saint-Félix , instruit que le lord Cornwallis attendait des renforts de *Bombai* , pour réitérer ses prétentions , fit
voile pour l'Ile de France.

Des entraves aussi multipliées, devaient
sans doute préjudicier au commerce ;
mais le coup le plus funeste qui lui
ait été porté , est venu par la suppres-
sion de la compagnie , la trop grande
affluence des vaisseaux ayant fait baisser,
jusqu'à 30 pour cent au-dessous du prix
d'Europe , les marchandises de la métropole , tandis qu'on voyait hausser d'un
tiers les productions coloniales.

Après la cession de la côte Malabar ,
la compagnie anglaise y a entretenu qua-

torze bataillons de *Sipayes* et deux régi-
mens européens , 1.º pour s'assurer la
dépendance la plus passive ; 2.º pour
écarter toute ombre de concurrence que
son ambition exclusive ne pouvait tolérer:
aussi a-t-elle d'abord mis en usage tous
les moyens de vexation qui sont innés
avec elle , pour dégoûter les hollandais
de Cochin , et leur rendre cet établissement dispendieux , inutile et à charge ;
ensuite , elle lui a notifié le désir qu'il
lui fût vendu , désir auquel il fallait
très-humblement se soumettre ; aussi des
commissaires furent-ils envoyés de suite
à Batavia , pour conclure ce marché , et
en attendant , elle força le roi de Trévaneor à lui livrer quatre mille candits
de poivre, qui, conformément aux anciens
traités , avaient été achetés par la compagnie hollandaise. Le ministre de ce
prince avait senti que le commerce accroî-
trait la prospérité des états de son maître ;
il avait accueilli les français et tenté
de les attirer à *Aicot, Parour* et *Alpet,*
où il y a une très-bonne rade ; mais
à peine avait-il établi dans ces places ,
que son génie voulait créer , quelques

magasins, que la jalouse compagnie les a fait demander : outré de dépit, il a répondu que les anglais pouvaient par la force les enlever au roi, leur allié, mais qu'il ne les céderait pas. Ce prince avait tenté, par M. Boulloi, capitaine de Marseille, de pressentir s'il pourrait établir quelques liaisons avec la France; mais la prise de *Pondichéry* ayant suivi de près la déclaration de guerre, la compagnie exigea qu'il renvoyât quelques français qu'il gardait depuis très-long-tems à son service. La conduite de ce prince fut aussi magnanime que celle des anglais était vile et méprisable ; contraint de céder, il a voulu que son royaume leur servît d'asile, en leur conservant le traitement dont ils jouissaient.

XIV.e Tippoo-Saïb, ayant satisfait aux conditions du traité fait avec les anglais, rentra en possession de Bengelour. Un de ses enfans étant mort à Madrast, l'autre lui fut rendu. Ce prince attribuait aux ministres la conduite impolitique qui avait livré aux anglais une partie de ses états et de ses trésors ; il espérait toujours ramener le roi de France, qu'il

paraissait affectionner , à une alliance
dictée par leur intérêt commun ; mais ,
quoiqu'il témoignât de sa mort un chagrin très-prononcé , il ne fut pas la dupe
de l'artifice des anglais , qui publiaient
avoir pris les armes pour la venger , et
s'il se tint spectateur oisif de leur agres-
sion en 1793 , c'est parce qu'il sentit ,
en la maudissant , l'impuissance dans
laquelle il se trouvait de hasarder un
mouvement , qui eût déterminé sa perte ,
sans servir la nation française.

Les hostilités commencèrent le 16 juillet
1793 , par la prise de Mahé , qui , étant
hors d'état de résister , accepta la capitulation qui lui fut proposée. Trois vaisseaux de la compagnie ayant été armés
en guerre au Bengale , se présentèrent
devant *Pondichéry* , au moment où le
colonel *Flooid* sommait M. de Chermont
de lui remettre la place pour le roi de
France , ce qui ayant été refusé , il dis-
posa tout pour en former l'attaque. Le
départ successif des frégates anglaises
pour l'Europe , qui avait été suivi de
celui du lord Cornwallis , donnait une
grande latitude à M. de Saint-Félix ,

qui

qui se trouvait le maître de la mer.
Le gouvernement de l'Ile de France,
après lui avoir donné pour cinq mois
de vivres, lui ordonna de secourir *Pondichéry*, et d'attaquer le cap de Bonne
Espérance ; il y a lieu de croire que
cette opération aurait réussi, car la garnison était presque entièrement composée
de français, et la station anglaise n'y est
arrivée qu'au premier avril 1794. Cet
amiral sortit, mais rentra au bout de
huit jours, et vint mouiller en grande
rade ; l'indignation fut si générale,
qu'elle se communiqua aux équipages,
et pour s'y dérober, il fut obligé de
se sauver nuitamment à Bourbon.

L'intérêt particulier des généraux anglais, qui jugeaient que *Pondichéry* ne
pourrait leur échapper, et qui se proposaient de reprendre ce siége au prin-
tems, si la mauvaise saison qui appro-
chait les forçait à le lever, mirent dans
leur attaque beaucoup de molesse ; dès
les premiers jours du siége, ils perdi-
rent un monde infini, et par le feu
de la place, et par la mauvaise direc-
tion des tranchées, qui avaient leurs

principaux boyaux pleinement enfilés par les ouvrages extérieurs : cette faute eût eu pour les assiégeans les suites les plus fâcheuses , si la place avait été défendue.

Le 22 septembre , les batteries de la première parallèle ayant été élevées, commencèrent à jouer. Après quatre heures de feu , et sans avoir perdu plus de trois hommes , M. de Chermont capitula. La garnison qui n'en était point instruite, prit tumultuairement les armes, et accula les anglais dans l'un des bastions , mais l'armée étant entrée par la porte voisine , qui lui avait été livrée , il fallut mettre bas les armes. Le lord Abercrombie , qui était parti de Bombai pour commander le siége , eut le chagrin inattendu d'arriver deux jours après la reddition ; il se dédommagea , en mettant garnison anglaise dans la place importante de Trinquemalé , que sa nation convoitait depuis très-long-tems. Le nabab , quoique très-affecté de la perte de *Pondichéry ,* se modéra extérieurement , et pendant que l'honorable compagnie s'emparait des colonies hollandaises , il a gardé la neutralité la plus exacte ; mais le gouvernement français a paru jeter un moment l'œil sur la puissance anglaise en orient ; c'en a été assez : sa perte depuis long-tems jurée, a été décidée, et ce prince, trop brave et trop altier pour tomber entre les mains de ses ennemis, est mort percé de coups, en donnant, dans les fausses braies de sa capitale, des ordres pour la défense des remparts et de la porte du *Colram*. Le terme de sa vie, à la quarante-septième année de son âge et la dix-huitième de son règne, fut celui de la résistance. La place ayant été prise d'assaut, ses états ont été divisés et réduits en provinces anglaises. Telles ont été les conséquences funestes des traités conclus par MM. de Vergennes et de Bussi, et des variations adoptées successivement par le ministère, sur les colonies de l'Inde. M. Pitt, en suggérant à l'assemblée nationale les décrets désastreux qui ont étendu un crêpe funèbre sur celles d'Amérique, prétendait bien envelopper les Iles de France et de la Réunion dans la même proscription, et asseoir garnison anglaise sur leurs cendres ensanglantées;

mais elles ont sagement résisté, en causant au commerce anglais des dommages incroyables ; elles ont vengé les calomnies que cet artificieux ministre avait répandues contre elles, et repoussé, autant qu'il était en leur pouvoir, la prétention qu'il avait manifestée d'empêcher toutes les nations de doubler le cap de Bonne Espérance.

La série des faits que présente cet essai, indique assez combien il importe de briser le sceptre anglais en orient, et de rompre les chaînes de l'Indostan. Sans se dissimuler le nombre de difficultés qui s'opposent à ce projet, l'étendue de connaissances qu'il requiert, ce n'est pas être trop hardi d'assurer qu'elles peuvent être vaincues par une volonté constamment inébranlable, qui saura diriger tous ses actes présens et à venir, et la masse de la nation française vers ce but uniquement invariable.

Delenda est Carthago.

F I N.